그리움에 돛을 달고

그리움에 돛을 달고

김승남 시집

동행

시인의 말

고래산 계곡물 소리에

그리움과 엄마 냄새가 흐른다.

삶의 무게가 버거워서 고달프고 힘들 때 몇 자 적어 보면서

마음을 달랬던 것처럼

초저녁별을 들고 내 뒤를 따라오던 풀벌레 울음도

문간까지 따라와 눈물 한 올 던지고 가면 아버지 목소리도 들린다.

너무 오래 저문 들판에 서 있었다.

넋두리를 부족한 첫 시집으로 엮어 가는 생각에 부끄럽다.

생각이나 행동이 조금은 변한 것이 철이 드는 모양이다.

더불어 살면서 마음을 진정으로 주어야 했고 받아야 했고 변함이 없어야 했다.

하고 싶은 일들을 즐겁게 하며 늘 감사하는 마음으로 진심을 담아 내 마음 전하고 싶다.

첫 시집을 내기까지 사랑스런 나의 두 딸에게도 고마움과 무한한 사랑을 전한다.

끝으로 한국작가 김건중 회장님께도 감사의 인사를 드린다.

모든 사람의 생이 아름답기만을 바란다.

2021년 초겨울 김승남 요안나

| 처녀시집 발간에 부쳐 |

고독과 그리움의 표출

김건중
(소설가 · 한국작가협회 회장)

우리는 세상을 살면서 이런저런 많은 상황에 접하며 살 수밖에 없다,

그러나 사람에 따라 어떤 상황에 접했을 때 그 느낌은 다르다고 생각한다. 시인의 느낌과 소설가의 느낌이 다르듯이 시인 또한 시인 나름대로의 그 감성은 아주 다르게 표현될 수밖에 없다.

이렇듯 김승남 시인은 이제껏 살아온 단조로운 자신의 삶을 자신이 접해 온 상황에서만 느낀 농밀한 앙금을 시 속에 녹여 넣고 있다. 그것은 김 시인 시의 소재가 다양하지 않고 계절과 고독과 부모님 등으로 일관되어 있음이 말해 주고 있다.

그것은 미루어 짐작컨대 김 시인의 삶이 복잡한 일상이 아니라 평범하면서도 지극히 수동적으로 조용하여 단조로움과 함께 미망인이라는 상황에서 비롯된 성싶다. 하지만 그 단조로운 소재를 시로 형상화시키는 솜씨가 돋보이기도 했으니 시인일 수밖에 없다.

우선 가을에 대한 주제가 많았다.

가을은 뜨거운 여름을 보내고 맞는 풍성한 결실의 계절로, 그 누구나 한 번쯤 감성에 젖는 그런 계절적 특성이 있고, 따라서 감성이 출렁이는 계절이기도 하다. 이런 감성 때문인지 김 시인은 유난히 가을에 대한 시가 많다.

그 시 속에는 외로운 감성이 조용히 흐르고 있고, 자신의 삶을 성찰하려는 시적인 그 흐름은 메타포로 독자에게 공감대를 형성하고 있다. 또한, 계절에 대한 김 시인만의 감성이 시를 형상화하면서 적절하게 맛을 내고 있음을 발견할 수가 있다.

그만큼 삶에 대한 나름의 아픔과 외로움 속에서 빚어낸 고독의 요소가 뿌리 깊게 자리해 시의 흐름에 애잔한 울림을 주고 있다. 어쩌면 여성 특유의 감성이기도 하겠지만 그것은 원초적 삶이 접근하려는 노력이기도 하다. 그러면서 자신의 고독한 감성이 아버지나 어머니에 대한 그리움으로 표출되고 있어 독자에게 아련한 아픔을 전해 주기도 한다,

어쨌거나 『한국작가』로 등단하여 그동안 구리지역 문학을 위해 노력하였고 현재는 '한국작가구리문학회' 대표를 맡아 문학 발전과 문화 창달에 이바지하고 있다. 그것은 자신의 문학 활동에도 도움이 되겠지만 아울러 동료 문인에게도 큰 도움이 되는 견인차 구실을 하고 있다는 생각이다.

첫 시집 상재를 계기로 꾸준한 정진으로 큰 시나무가 되길 기원하며 시집 발간에 갈채를 보낸다.

2021년 초겨울

차례 | 그리움에 돛을 달고

제1부 • 사계절 앞에서

제2부 • 문득, 거울 앞에서

제3부 • 엄마의 바다

제1부

사계절 앞에서

진달래

너는 나의 붉은 눈시울
내 너를 한 아름 벅차 안으면
맑은 계곡 거슬러 상류가 되리
전설이 돋아 있는 초록 이끼 아래로
수정 물빛 반짝이는 그곳
연보라 골짜기 숲길 사이로
흰 구름 두르고 꿈길을 가듯
너울너울 오솔길 가던 내 영혼 꽃가마
이제
추억의 꽃바구니에 낙엽처럼
쓰러진 꽃무덤 이슬이어도
봄이 오면 언제나
기억의 수면에 떠오르는 너
정녕 내 정한情恨의 모습일 레다

오월

임 떠난 오월에
다시는 또다시
올 수 없는 상처 난 하늘

오늘은
왜 이리 그리울까

오월에 끊어진
애달픔이여

오월에 부는 바람

오월 바람이 차갑기만 하다
높드리 윙윙대는 바람의 말이

내 울음인가 하여
차마 떨치지 못해

그 바람 따라가며
혼자 가다 놓인 길

멀어져 간 세월 속
가슴으로 막았던

먼 이방인의 나라
남겨진 짧은 기억

저녁놀 비친 당신의 모습
하늘을 이고 있다

봄, 그리움

꽃가루 날리는 무수한
그리움
눈물겨운 추억은
씨앗으로 움트고
내 영혼 그림자는
꽃과 같이 피어난다

봄비

봄비 오는 소리 들려
그대 오는 소리 들려
바삐 귀를 여니
얇은 가슴 흔들흔들
소리 없이 눈물 뚝뚝
봄비 오는 소리 들려
연두 초록 노랑 분홍
하늘 사연 전해 주는
배달부

봄편지

어느 곳
누구에게도 마음 붙일 수 없어
하얀 민들레 꽃 속으로
바람이 숨어서 오네

너무 많은 말들을 하고 싶지 않아
이름 없는 풀섶에서 듣고 싶지 않아
잔기침하는 들꽃으로 찾아오네

아 어떻게 설명할까

어느 날
이별을 배웠을 때
해마다 찾아오는 봄편지
내 가슴속에 보이지 않게 살아서 오네

진달래 꽃망울처럼
아프게 피어오른 그리움
말없이 터뜨리며 내게로 오네

아 어떻게 할까

홀씨

멀리서
아주 멀리서 불어오는 그리움
바람결에
그대 얼굴 묻어나고

가슴에 간직했던
봄바람은 그리움
그대의 보드라운 숨결
낮은 비행에도 숨어 버리고

바람으로 달려가
간절하게 부르는 그 이름

그대는
홀
씨

봄날은 간다

개나리 추억으로
움이 트는 그리움

민들레 홀씨처럼 흩날리는
영혼 없는 서글픔

꽃가루 날리우는
속절없는 서러움

봄, 화장을 하다

내가 너를 기다리는 것은
그리워서가 아니다

젊은 시절 일찍이 혼자가 된
엄마의 사진 한 장을 꺼내 보는
여유를 갖기 위해서다

나비가 난다
엄마의 향기가 난다
엄마의 분내음이 난다

일부러 날을 잡아
짙은 화장을 하고 싶었다

길모퉁이 사진관 앞
의자에 걸터앉아
가장 빨간 립스틱을 꺼낸다

유리창에
내 나이의 엄마가

눈물을 글썽이며
웃고 있다

흰나비가
머리에 앉는다

독백, 피붙이

1.
도둑처럼 온 초여름
삼라만상이 덥다고 난리다
더위나 식힐 겸 모처럼
남동생과 산행을 갔다. 요산요수

아뿔싸 돌부리에 걸려
비냥으로 미끄럼을 탔다
팔목은 부러지고 가슴뼈는 금이 가고
꼬리뼈도 충격을 받았다. 만신창이

한 달 이상 병원신세를 져야 하는데
코로나로 3주가 되니 나가라 한다
고급스럽게 몸을 추스르는 건 사치다
삭신이 쑤시지만 돌아갈 수밖에. 강제귀가

2.
집에 들어서자 왁작한다
두 돌배기 손자부터 일흔의 언니까지

작은 집이 수다로 점점 넓어진다
웃을 일이 별로 없던 집, 나
내 웃음이 동이 났다. 박장대소

밀물처럼 왔다가 썰물처럼 사라진
우리 집이 다시 작아진다
서러운 밤 창을 연다
양평 엄마집 뜰에
별똥별이 떨어진다. 망운

메아리 없던 내 일상 아픔이
밤하늘 별을 헤아리게 한다.
헤아리다 지쳐 도룡뇽이 되어
여름잠에 들어간다. 환과 고독

여름 초상肖像

텅
빈 마당
햇볕 강렬한 외딴집 뜨락엔
담쟁이넝쿨이 애잔한 푸른 미소를
흘리고 있다

그리운 것은 바람이었을까

기다림을 감지하는 훈훈한 열기가
끈적한 촉감을 남기며 문틈 사이로
가슴을 타고 내려온다

멀리 풀냄새
산자락 따라 올라간 찬연한 시선 위엔
짙은 녹음이 부르는 소리가
움직임 없는 것은 마음뿐일까

산새들 날갯짓에 피어나는
옛스런 능소화

기다란 삶이 허탈감을 붙잡는
그리움
그 고운 자태를 우리는 알고 있을까
감추어도 배어나는 둥그런 달 속에
여름 초상화

유리항아리

보고 싶어서
보고 싶어서
사랑을 찾아가는
나를 안은 유리항아리

풀섶의 벌레가 우는
그리움 같은 가을

눈을 감아도
하늘이 보이는
바람으로 흩어진
영혼이 그립다

유리항아리 뚜껑을
열어 놓은 지
어느새 20년

가을 호수

기러기 한 마리
가을 호숫가에 앉았네

들국화 서리서리
하늘 아래 피었네

사랑은 아직도 내게
아픔이구나
바람 부는
가을 호수 언저리

가을엽서, 시를 쓰겠습니다

그 푸른 하늘에
당신을 향해 쓰고 싶은 말들이
오늘은 단풍잎으로 타버립니다

호수에 가을이 뜨면
흐르는 세월에
유서처럼 간절한 시를 씁니다

수없는 작별을 고하며 걸어온 길
가을은 언제나 이별을 가르치는 친구입니다

말로는 다 못할 사랑에
몸을 떠는 꽃
가을엔 들꽃이고 싶습니다

살아남은 자의 카랑카랑한 목소리로
아직은 마지막이 아닌 가을엽서를
쓰겠습니다

이 가을에는

가을 햇살에 고이 파인 발자국
오랫동안 당신이 보고 싶었어요

가난한 사랑 후회롭지 않도록
나는 산새처럼 기도합니다

나뭇잎이 서로 듣고
찔레열매 닮은 바람 살며시 다가와
가지 끝에 매달린
당신의 목소리를 듣습니다

어제 울던 바람도
풀벌레가 쏟아내는 가을의 울음도
오늘은 쓸쓸한 아픔도 아름답습니다

당신의 숲으로 가져왔던 말도 못다 풀고
그리움만 다북다북 묻어 두고 그냥 돌아가렵니다

이 가을엔
내 마음 안팎으로 많은 것을 보냅니다

가을편지

파란 하늘
그대 보고 싶은 날
가을편지를 씁니다

호수 가득
하늘이 차면

가을은 언제나
이별을 가리키는
당신은 누구십니까

혼자서 바치는
짧은 기도

밤새
산을 넘어온 바람
들국화 피어난
가을 무덤가 흙냄새

그리움 풍기는
시간이 할퀴고 간
긴긴 세월

아아
가을 그대여

가을, 친구

말은 없어지고
눈빛만 노을로 타는
우리들의 가을
나뭇잎만 주워도 풍요로워
친구야 보고 싶어
한 켤레의 고독을 신고
정갈한 마음으로
들길을 걸어봅시다

가을비

안개비
모락모락
피어날 때
음산한 가을비 탓에
그리운 마음 사라진다

차창 너머 용문산 자락에
그리움이 걸렸다

그리움
마음이나 행복하게
고운 단풍으로 물들게 하라

가을밤

늦은 가을
여러 색깔로 채색되는
슬픈 조각들

가슴에 안고 살았던
오고갔던 인연 어딜 가고
외로운 기억을 닫는
아리게 하던 멍울진 그 무엇들

스치는 잔설바람
몇 점의 은빛 구름 서럽기까지

아, 가을 그대여
아직도 나의 여정은 먼먼 뒤안길
눈길 어지럽히는 몸부림
어리 이리 뜨거운가

가을바다

그리운 얼굴 하나
가을바다에 있다

기다림으로 가슴 태우는
시름에 우는 바다새 눈물
바람이고 싶다

고즈넉한 주홍바다
해안 가득 거품꽃
하얗게 피어나다
사라지는 아득함이다

해질녘 텅 빈 바다
쉼 없이 떠도는 정한情恨
늙은 바다여
그리움이여

가을 뜨락

아무도 찾지 않는
외딴집 뜨락에도
가을이 영글어 간다

쓰러져 가는
싸리문 울타리

담쟁이넝쿨이
애잔한 미소를 흘린다

능선 위에
앙상한 나무들
볼 비비며
네 목소리 듣는다

먼 하늘
당신을 간절히
그리워하는
목마름을 띄워 보낸다

가을, 섬

산다는 것은
내 마음과 같다는
회의가 들 즈음
기도하는 마음으로
남해의 쪽빛 바다를 찾았었다

거기엔 가을하늘과 맞닿은
투명함과 고요함이 있었다

그래서였을까
거울에 비춰지듯 자꾸만 흐려져 가는 내 마음이
실루엣처럼 환히 드러나는 것 같아 내심 부끄러웠다

수평선 위에 떠 있는 작은 섬들
나와 참 많이 닮아 있었다

바다에는 내가 가고 있는 여러 갈래의 마음
응어리들이 섬으로 웅크리고 있었다

다시 한번 그곳에 가고 싶다

가을편지 1

코발트 빛 하늘에

당신을 향해 쓰고 싶은 말들이

오늘은 단풍잎으로 타 버립니다

가을편지 2

호수에 가을이 뜨면
흘렀던 세월을 모아
간절히 시를 지어 유서로
남기겠습니다

살아남은 나는
늘 그랬던 것처럼
마지막이 아닌 편지를

오늘은
카랑카랑한 목소리로
읽겠습니다

가을편지 3

수없이 고하던
작별이 걸어온 길

오늘은
이별을 가르치는 친구입니다

말로는 다 못할 사랑에
몸을 떠는 꽃

오늘 가을은
들국화이고 싶습니다

작별이 아닌
추억의 길을 만들렵니다

시월十月

이름 하여 상달
상서로운 달
농익을 과일과 햇곡식이 풍요로운 수확의 계절
내 좋아하는 코스모스 흐드러지게 피고
하늘은 끝 간 데 없이 드높고 푸르러서
거대한 궁전처럼 반짝인다
태양은 성낼 줄 모르는 착한 아이처럼 순하고 부드러워
폐부 깊숙이 맑은 공기를 마셔 보는 몇 알갱이 행복을 줍는다
가을 하늘과 햇빛과 바람
이것은 시골 예찬의 좋은 품목들인지도 모른다.
자연이 승한 시골
논두렁 뛰어다니며 메뚜기 잡아
풀잎 줄기에 주렁주렁 신명 나게 꿰어 달던
꿈 같은 시절이 아스라이 맴돈다
가을이 다 가기 전에
일렁이는 황금빛 파도의 논둑길을 가 보리라
한 번쯤은 꼬-옥

베트남 여행기 1

- 묘비

바람 부는 쓸쓸한
어느 가을날
고요한 벌판에 그는 묻혔다

먼 데서 온 손님이라고
들릴 듯 말 듯 숨결로
한 번은 왔다 가는 인생이다

당신께 드리는 맨 처음 기도
하노이 사랑입니다

하롱베이 그곳에는
무덤이 아닌
들판에 묘비가
줄지어 서 있습니다

내 그리움처럼

고래산 겨울

고래산에서
바람이 불어온다

가지 끝에 앉은 부엉이
너 왔느냐

덧없는 세월
눈망울에 젖은 이슬 고드름
적막한 굴뚝 연기 피어난다

달빛에 젖은 그림자
인방을 빗질한다

고단한 묵주기도
엄마 손이 그리웁다

제2부

문득, 거울 앞에서

문득, 거울 앞에서

반백의 머리를 손질하다
문득 눈시울이 뜨거워진다

성난 세월 혼자서
말없이 끌어안고
안으로 숱한 생채기를 아로새기며
세월의 고개 넘어 넘어왔건만

아직도 멀었는가
소망의 불꽃은 아슬하고
검은 장막은 걷히지 않네

아 언제까기 길고 검은
좌절의 터널을 가야 하는가
턱턱 숨이 막힌다

지천명의 고갯길
가파르기만 하다

새벽별

새벽하늘 위에
미처 돌아가지 못한 별 하나

홀로 가기엔 길이 너무 멀어
가슴에 흐르는 얼룩

저 별로 인해 떠나지도 못하고
가늘게 한숨짓는 어둠

별 하나

새벽하늘에 돌아가지 못하는
별 하나 떠 있습니다

나를 가득히 채우지도 못하면서
쓸쓸히 밀려가는
한 줄기 구름 속에

오늘은 별 하나에
그리운 사람이 있습니다

외딴집

고래산 3부 능선
빛바랜 외딴집 창문

일가친척 그리워하지 않으면
누가 있어
사람을 그리워하느냐고

빈가지 홀로 앉아
지저귀는 작은 새

그리움이 몰고 온 높새바람
금동마을 뻐꾸기 울고 있습니다

반 달

오늘은
내가 반달로 떠 있어

처마 끝에 차오르는 달빛 민들레 홀씨처럼
영혼 없는 서글픔
그대 찾는
빈 하늘 구름에 숨어도

난 웃음 잃지 않고
그대 찾는
내가 겨울 반달이야

잎 하나 없는
뜨락에는 바람이 차지

혼자서도 높이 사는 법을 아는
출렁이는 겨울 달빛이
바로 나야

싸리문

오늘은
어디쯤에서
빈잔 채우시나

등 굽은
아버지 오시지 않고
밀짚모자 벗기던
바람만
싸리문 두드리네

무제

거세게 불던 바람처럼
사라져 가는 그리운 영혼

텅 빈 마당에
당신이 보이는 날

울지 않으려고
올려다본 하늘
착한 새 한 마리 날고

그리운 영혼을 향한
무언無言의 나랫짓

항아리

고래산 너머 산그늘 항아리
소복을 입은 뻐꾹 소리
울 엄마 냄새 가득 밴 항아리엔
종소리만 요란한데
금이 간 우리 엄마 항아리는
바람소리 그리워 흙속으로 묻혔다

어느 하루

산 위에 혼자 올라서면
꽃바람 새 되어
소곤소곤
이야기 나누고 싶다

산 위에 혼자 올라서면
뭉게구름 왜바람 타고
별빛 품에 잠들고 싶다

산 위에
혼자 올라서면
그 옛날 자주 찾던
파란 양철집 길모퉁이
샛바람 되고 싶다

억새

사람이 싫어
외진 곳으로 갔습니다

인적 없는 산기슭
허허로운 들판으로

붉은 장미의 입술
향기로운 사랑 잔치도
덧없는 것

그래요
백화난만해
꽃가루 날리는
다복한 정원을 난 모릅니다

오직 외로움으로 잠 못 드는 영혼만이
앙상하게 자란 모가지로
파리한 표정에 표백된 얼굴뿐

어쩌란 말이지요

흐느낌은 강이 되고
무시한 바람은
줄지어 손이 되고

소복에 백발머리
한처럼 풀어놓고
하염없이 웁니다
사무치게 웁니다

무인도

언니야 우리 따스한 남쪽나라
무인도로 가볼까나

태고의 정적 고스란하고
해와 달과 별의 입맞춤으로, 천진한 곳

하얀 모래알 간질이고
정갈한 물새 발자국, 송송송

오로지 자연의 섭리만이
안개처럼 피어오르는, 원시

언니야 이제껏
쪽빛 하늘 눈부시게 아름다워도
시시각각 흩어지는 구름을 보아

누군가는 말하고 있어
우리 애착의 껍질을
벗어야 한다누만

우리는 낮은 곳

가장 낮은 곳으로 흘러
비로소 깨닫는 구원의 선물, 겸손

비록 우리의 영혼이
난파선 같을지라도

끊임없이 다정한 속삭임
그곳 무인도

언니야 우리
편안하고 맑아지는 그곳으로
정말 가볼거나
정말 갈거나

산

산은 어머니다
골마다 피어오르는 안개는
어머니의 한숨
모질게 박힌 돌은
옹이 진 아픔
그래도 산은 말이 없다

안개도 바윗돌도
다 알고 있다

베이비부머

단풍이 아름다운 날
눈에 들어온
포스터 한 장
안내문 한 권
재취업 프로그램

이순耳順이 되도록
처녀 시절 짧았던 직장생활
가을 하늘만큼 아득했다

책장을 넘기자 들어온
베이비부머
딸애가 곧 아가를 낳을 텐데
두려웠지만 내심 겸사겸사

까다롭지 않은 절차를 밟고
어렵지 않은 교육을 받고
손에 쥐어진 수료증

첫눈이 내린다

곧 크리스마스다
곧 손자가 나온다

겸사겸사가 아닌
겹경사이다

자장가

손녀바보 할머니가
우리 아가 잠투정할 때
불러 주는 자장가

"할머니 똥강아지
우리 린아 예쁜 공주"

동그란 얼굴에 까만 눈동자
작은 손가락 발가락이 꼬물꼬물

어느새 새근새근 잠이 드는
꿈나라

자연을 바라보며

자연은
언제나 맑은 그림자

고요 속에 흔들리는
싱그러운 나뭇잎들

청결해진 내 심장에
숲이 되어 간다

자연 속에 넘치는
들꽃 향기와 빛을
가득히 담은 내 영혼

작은 숨결에도
생생하게 흐르고 있음을
가슴 벅찬 기쁨으로
맞들이고 싶다

하늘의 이치

누가 보았는가 바람의 얼굴을
누가 들었는가 꽃잎 피는 소리를

그래도 상큼한 초록잎새 팔랑거리고
보리밭 이랑 밀물져 파도치는데
버얼써 꽃잎도 저리 탐스럽게 피고 지는데

없는 것은 있는 것이요
있는 것은 없는 것이라오

구름의 슬픔은 빗물이 되고
물의 고독은 얼음이 되고
얼음의 사랑은 또다시 물이 되는데

변하지 않은 것은 변한 것이오
변한 것은 변하지 않은 것이라오

우리네 인간사 세상만사
우리의 이치를 따라가오

달도 차면 기우나니
가득 찬 것은 빈 것이요
빈 것은 가득한 것이외다

밤기차

젊은 날
난
가끔
밤기차를 탔다

당연한 자리
내 자리는 늘 차창가
불빛에 투영된 까만 창 속에
수선화로 피어나는
동그란 한 송이 얼굴

어찌 보면
본 듯도 하고 낯설기도 한
청초한 한 떨기 이슬꽃 때문에
방싯방싯 꽃망울 미소 때문에
난 어쩔 수 없는 나르시스

오
달콤한 향기 나르시시즘
어리석은 추억

무상한 허상

잔상이여

보름달 부부

일 년에 열두 번 만나는
우리는 보름달 부부입니다

부정한 여자도
도둑질한 여자도 아닌데
신행新行 5년 만에
날이 선 운명이
보름달 속에 혼미해집니다

달무리로 남아
무한無限을 매만지는
우리는 그런 부부입니다

이명耳鳴

내가 시퍼런 울음을
토해 내고 있을 때

바다가 목이 쉰 채로
나를 부르지만

나는 선뜻 대답을 못해
내 젊음에 멍울진 도도한 한을
바다는 알 리가 없잖아

그런데 말이야
아무에게도 들키지 않으려 감추었던 것들이
보이지 않게 숨겨 두었던 것들이
수평선 위로 하나씩 나타나는 거야

그러고는 내가 바치는
바다 빛 기도 속으로
당신이 부르는 소리가 들리는 거야

End

이제 끝났다
사랑을 잃은 영혼
그대 무덤에
마른
눈물자국으로

편지 1

- 사랑하는 딸들에게

엄마는 피곤해

공주들이 보고 싶어
대문을 열고 현관문을 열고
까치걸음을 했지

바스락 소리조차 내지 않고
쉿 하며 너희들 방으로 갔지
그런데 말이야
너희들이 없는 거야

속이 상해
목 놓아 울고 싶었지만

속이 상해
큰 소리로 전화하고 싶었지만

언니네 집에
부탁한 지 여러 날

창을 열고 하늘을 봐
어젯밤처럼

편지 2

- 언니에게

언니
나는 사랑해요를 참 좋아해
오늘은 이 말이 사라졌어
그렇다고 증오하지는 않아

언니
오늘은 왜 이리 허전할까
달이 저리 밝은데
하소연할 곳이 있어야지
그냥 눈물이 흘러

언니
고향 망미리가 눈에 선해
이맘때 가마솥에 목욕물을 끓이며
속삭이던 언니와 이야기
우리 둘은 부자가 되고 싶었지
언니는 마음의 부자
나는 돈이 많은 부자

언니
벌써 새벽 세 시가 넘었어
달이 밝아 별은 없지만
동심을 별에 새기며
잠시 오늘 일을 잊어
잠시 현실을 잊어

언니
사랑한다
두 공주 잘 부탁해
엄마 생신 때 만나

편지 3

- 사랑하는 친구 승남에게

세월이 참 빨라
벌써 두 번째 서른을 맞아
즐거웠던 시간
행복했던 시간
몸과 마음이 아파 몸부림쳤던 시간
이젠 약봉지와 병원을 오가며
지친 심신을 위로받는 시간이야
친구나 나나

첫 서른 남편을 여의고
가장이 되어 살면서도
그늘진 모습을 가리려고 애쓰던
너를 바라보며 위로받았던 것이
부끄럽기보다는 고마워

환갑을 맞은 너의 생일을
정말 축하해
친구들이 마련한 여행길
잠시 쉬어 가자꾸나

서로를 내려놓고
하하호호하자꾸나

PS
나의 슬픔이 변하여
내게 춤이 되게 하시며
나를 기쁨으로
띠 띄우게 하소서

- 환갑을 맞은 승남에게 친구 영미가 보낸 편지를 시로 바꾸었다.

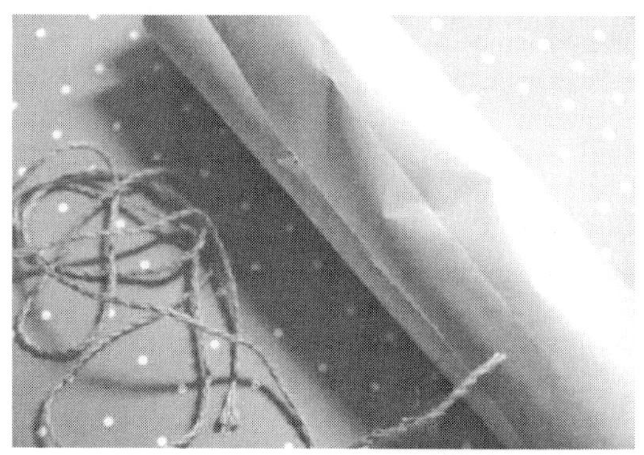

편지 4

- 사랑하는 친구 영미에게

그래 벌써 세월이 이렇게 흘렀구나
너나 나나 이제 아줌마도 아닌
할머니 세대에 접어들었어

우울하고 어두웠던 것들을
가리느라 힘이 들었지만
너와 친구들 때문에
많은 것을 내려놓게 되었어
참 고마워

친구야
5년 전에 공부한 베이비부머를
손자들에게 써먹을 때가 된 거지

아직 희망을 버릴 나이가 아니라는
우리들의 이야기는
건강이 있는 한 산 입에 거미줄 안 친다는
우리들의 이야기는
말이 아닌 삶의 철학이야

친구야

오래오래 함께 가자

제3부

엄마의 바다

그리움 1

해거름에 떠오르는

문득 한 사람

휑한 걸음

뜨락에 나서니

하늘 빛 추억 저 멀리

그리움 재촉하네

그대

그대 없는 이 봄에도
새는 울고 꽃은 핍니다

가슴을 파고드는
아리고 쓰린 상처
이제 내 손 잡아 주오

파도 앞에 서면

외로운 사람을 만나면
바다도 외로운가

왜 왔느냐
흰 파도 다가오며 물어 오고

왜 묻느냐
흰 포말 물러나며 대답하고

그리움 2

산모퉁이
돌아돌아
외로이 가는 길

들길마다
불어오는 하늬바람
누굴 기다리나

외로워
외로워

산등성이 안개비
뿌연 그림자

혼자서
혼자서

숨 멎을 듯
하늘만 바라봅니다

베드로

베드로
당신은 어디 있나요

10년이 되어도
20년이 되어도

왜
대답이 없나요

베드로
당신이 없는 이 세상엔
한없는 서러움으로 가득 차 있어요

해가 뜨면 찾아올까
별이 뜨면 찾아올까

가슴 졸이며 기다리는 당신은
어디에서 찾을까요

어여쁜 두 딸을

남겨 놓고 떠난 당신
정말 야속합니다

일찍이도 저 멀리
아주 멀리
떠난 당신
당신이라도 행복하소서

어머니

허리가 굽었다
아침 밥상 위에 손자놈 마주 앉아
흘린 밥알 주우시며
며느리 없는 아들 눈치 보다
먼 길 떠나신 어머니

지친 삶 옹이에서
연이 끊긴 계곡에
어머니 젖냄새가 흐릅니다

능선 너머 고래산 봉우리
잔잔하게 지는 해가 샛바람으로
하얀 국화 꽃송이 보냅니다

어머니의 손

꽃잎으로 고왔던 분결 같은 섬섬옥수
시집살이 험한 고개 눈물 정성 몇 필인가
삼동에 얼음 깨는 빨래터 방망이 소리

졸음 쫓던 호롱불 밑 바느질 한 땀 한 땀
청실홍실 단꿈 어린 골무는 닳아 가고
어느덧 새벽이슬로 맺히는 첫닭 우는 세월아

오롱조롱 오륙 남매 대추나무 연 걸리듯
아린 손길 열 손가락 인고의 가시손길
행주치마 젖은 손 마른 날이 몇 날인가

주름진 갈쿠리손 험하디험한
생명 빚어 여물게 하신 신비로운 약손이니
은혜의 거울로 보리라
거룩한 사랑의 연륜이여

엄마의 바다

오늘도 엄마의 바다에
비가 내립니다

해풍은 쉴 새 없이 누군가를 부르고
돌이킬 수 없는 지난 세월 속을
하얀 물보라가 될 때까지
자꾸 되돌아보게 하는 엄마

씻겨야 한다 더 많이
하늘과 맞닿은 수평선 너머 어디선가
끝없이 두드리고 있는 바다에
물보라 치듯 부서지고 싶은 이 몸

흰 거품 물고 따라오는
뒤채는 물결 위로
엄마의 바다는 이제야
잠이 들고 있습니다

엄마와 딸

이렇게 나이를 먹었어도
엄마와 딸이 헤어질 때면
눈물이 난다

조용한 시골마을 적막한 엄마
젖은 목소리를 뒤로하고
떠날 채비 할 때면
추수 끝난 들판처럼 허전해진다

아프시지만 아름다운 세상
쏟아내지 못한 이야기
기도하시는 엄마 모습

미역빛 사랑
오늘은 이 말이 새롭다
보고 싶은데

바다

긴 세월 잊은 듯
밀려오는 그리움 하나

넘치도록 들뜬 내 심장에
포말이 비수를 꽂는다

텅 빈 하늘과 닿은 지평선 위에
별빛 내려앉는다

비켜가지도 못할 멀어진 세월
메아리 소리도 들리지 않는다

오늘
처음 본 바다처럼
여전히 절절 끓고 있다

밤바다 1

동해 밤바다
거센 파도가 밀려왔던 밀려갔던
비루한 오늘이 그 안에 누워 있다

우리는 절벽 끄트머리에 서서
다시 태어나 볼 수 있는 밤바다에게
외치는 소리 하나

내 영혼은
주름 많은 파도가 되고 싶다

밤바다 2

불빛도 없는 심장 속에
부르지 않아도 와 있는 너

멍든 가슴 어둠에 풀어놓고
바다는 울고 있다

아무런 위로의 말도 할 수 없는
지나간 젊음을 시련당한
심장이 뛰고 있어 소리 내어 울고 있다

십자가를 홀로 지고
살아온 세월에 목이 쉰 바다
언젠가는 나도 추억을 버리고
떠날 밤바다

밤바다 3

귀 기울여 들어도
눈 지그시 감아도
있는 것은
역시 바다와 나

그리고 칼바람에 던지는 독백 하나
이별의 슬픔은 눈물을 참지 못하는, 나를
저 깜깜한 바다는 무엇으로 알까

가슴 찧고 허옇게 우는
밤바다에는 인내라는 은총이
잠을 자고 있을 뿐
그곳엔 발자국도 없다

바다의 편지

저녁놀 스러지는 바다
오늘은 어머니가 보내는 눈물 속 바다에
비가 내린다

해풍은 쉴 새 없이 누군가를 부르고
지난 시간 돌이킬 수 없는 세월을
하얀 물보라가 될 때까지
자꾸 되돌아보게 하는 바다여

씻겨야 한다, 더 많이

하늘과 맞닿은 저 수평선 너머 어디선가
끝없이 두드리고 있는 바다여

산에 묻힌 어머니를 청산도 바다에서 부르노니

뛰어가던 바다

이렇게 후련할 수 있을까
어느 날 이별을 배웠을 때

내가 뛰어가던 바다는
엄마의 치마폭처럼
너그러이 가슴을 열어 주었어

마음에 붙은 불을
하얀 파도가 꺼 버리고
내가 감추어 둔 슬픔마저
눈치채고 가라했지

처음으로 내 안에 출렁이는
자유의 바다여

바다, 시

빈 가슴 수평선 바라보며
손에 쥔 몇 개의 조가비가
푸른 음성으로 읊조리는 바다의 시

가끔은 내가 알아듣지 못해도
멈추지 않고 시를 읊고
늘 푸르게 살라 하네
늘 기쁘게 살라 하네

추억 한 잔

산골짜기 한 자락에
사랑을 묻은 지 오래
기울어진 몸덩어리
헐렁해진 삶
추억 한 잔에 담았지요

지나온 날들을 그림자로 뉘여
억지로 잊으려 해도
슬그머니 일어서는 복잡한 마음을
추억 한 잔에 담아 마셨지요
비릿한 뒷맛이 온몸을 돕니다

창가에 앉아 봄비를 보며
내 인생이 마셨던 잔을 듭니다

잔 밑바닥에 가라앉은
누룩진 꿀 한 모금
이별을 만들었는지 모릅니다

사랑을 묻은 산자락에 오릅니다

가슴을 움켜쥐고 외칩니다
이젠 비우고 싶다고…

동막, 무지개

마음이 휑하다
덕소에서 하남으로 가는 버스에 몸을 실었다

동막을 지나려니 차창 너머
맑은 하늘가에 일곱 빛깔 무대가 펼쳐졌다

화려하게 펼쳐진 영원의 무대
이를 만난 지 얼마나 됐을까

수십 년 만난 무지개를
하늘은 외로움을 삼키듯
서슴없이 먹어 버렸다

동막, 저녁노을

저녁노을이 나를 먹는다
아, 불타는 내 인생이여
저기 넘어가는 저녁노을에 불타는 태양
엊그저께는 구름에 얹히어 불안하더니
오늘은 높은 건물의 훼방에
제 빛을 발하지 못하고 있구나

내 인생을 금방이라도 삼켜버릴 듯이
무섭게 눈부시도록 붉은 덩어리가 되어
열을 토하더니 단 십 분도 안 되어
사라지는 태양이 아쉽구나

인생도 그렇게 변하는 것
젊음이 있기에 세월도 있는 것
저녁놀을 남기고 사라지는 태양처럼
살다 가는 게 인생이구나

노을 속으로 1

나는
오늘도 노을 속의
오솔길을 걷는다

내 인생을 붉게 물들였던
노을 속에
흘려버리고 싶다

하늘은 젊은 날의 고뇌인 양
시커멓게 타들어 가고

들판의 허수아비는
불쌍한 영혼을 위해
두 팔 벌렸다

노을 속으로 2

나는
오늘도 노을 속의
오솔길을 걷는다

내 인생을 마셨던
혼합된 고뇌와 번민을
이 넓은 노을 속에 비우고 싶다

오랜 세월
자연이 숨 쉬는
우수에 잠긴
친구의 이별이어라

들판 허수아비가
내 영혼을 알아차린 듯
저무는 노을 속을 바라보며
잃어버린 행복이 희망이
돌아오기를 조심스레
한 발자국 내려놓는다

이제
사랑의 후유증을 앓던
사라져 가는 내 영혼이
그대 묘지 언저리에
눈물 흘리리라

유년의 봄 동생

옛날
옛날
수십 년 전 아득한 날에
내게는 오롱조롱 동생 셋
병아리처럼 몰려다녔다.
따스한 말에 제비 날고
봄바람은 무지갯빛 나래 되어
꼬불탕한 오솔길
수없는 파도무늬를 만들었었다
꼬마는 등에 업고
왼손 오른손 번갈아 겅중겅중
앞서거니 뒤서거니
그 꿈길
언덕길을 오르락거렸다

가다 보면
길 숲 어드메인가
하이얀 시계꽃들이 만발하여
꽃반지랑 꽃목걸이 줄줄이 매어달고
하늘만큼이나 좋아라 웃었다

아…

달음질한 세월

무심한 연륜

이제는 모두 엄마가 되고

그 옛날 동생들은 늙어만 간다

이별의 스승

살아서 꼭 한 번쯤은
만날 것 같은
단 한 사람만이 보고 싶어
바다로 달려갑니다

오늘은
혼자서 웃으렵니다

넋이 나간 여인처럼
벌거벗은 몸으로

오늘 달려간 바다는
말을 걸었지
이별은 슬픔이 아니라고
그대를 기억하는
내 고뇌의 무게만큼이나
밀려왔다가 밀려가는 거라고
이별은 그런 거라고

저 바다를 엄마의 치마폭 삼아

시퍼런 손수건에
눈물을 모두 버리고

오늘은
혼자서 웃으렵니다

그대 보고 싶은 날

- 노을 진 길섶에 서서

바스락거리는
잎새들의 이야기
떠나간다 해도
떠나갈 수 없는

산등성이
하늘 닿는 그곳에
조그맣게
조그맣게
조락하는 앙상한 가지

그곳에 그리움이 있는 것 같아
길게 누운 가을 산

이제라도
다시 또 내려와
웃을 것만 같은
짧은 인연의 숲의 끝
혼자서 걷는다

작별

— 막내 제부의 죽음에 부치는 글

1.

막내 제부가 세상을 뜬 지 보름이 되었다. 계절을 잃은 소낙비가 한바탕 쏟아져 내린다. 늘 뉴스에 혀를 차던 그 운명의 덫이 그를 안아 버렸다. 불혹의 나이에 고운 동생을 만나 예쁜 핏줄 둘을 남기고 그의 숨소리는 달빛에 달맞이꽃 속으로 꼭꼭 숨겼다. 그것도 모자라 노란 꽃바람이 되어 사라져 버렸다.

2.

세상에서 가장 아름다운 담을 쌓겠노라 집을 나서면서 '한가위 선물 가득 들고 올게, 얘들아 기다려라.' 수줍은 약속도 그의 속눈썹 길이도 못 미치는 작은 바늘이 오십 년 동안 뛰던 심잠을 멎게 했다. 떠남이 너무나 익숙한 내게도 그의 급서急逝는 떠남이 너무도 덤덤했던 내게도 그의 떠남은 내 남편이 떠났던 20년 저의 슬픔보다 더 아프다.

3.

'동생의 남편아, 두 아이의 아빠야' 비는 그쳤는데 가족이란 황량한 들판에 돌개바람이 분다. 그가 곤한 허수아비로 서서 바람을 멎게 한다. 그리운 사람아 아까운 사람아 기울지 않는 착한 보름달이 되어 동생과 아이들을 비추어 다오.

사랑하는 나의 딸에게

나의 어여쁜 딸아
오늘 엄마는
네가 아기였을 때 너를 바라보던 바로 그 눈빛
사랑스럽고 아름다움을 보았다

네가 아직 아기였을 때 첫 번째 미소를 지어 주던
그 입가를 보면서 네가 잠들고 난 뒤에도
한참 동안 너를 품에 안고 토닥거려 주던 때가
그리 오래된 것도 아닌데
오늘 내 앞에 아기가 아니고 풍부한 감성과 정의와
사고와 목표를 지닌 아름다운 한 사람이 서 있구나

매일매일 네가 자라 온 것을 지켜보며
즐거울 때나 슬플 때나 너를 사랑했다
네가 어릴 적 기억조차 없을
불의의 사고로 너의 아빠가 이 세상을 떠났을 때도
나는 네가 어떤 생각을 하든 무엇을 얘기하든
너를 지지하고 인도하고 친구가 되어 주던
너의 엄마라는 사실이 자랑스러웠어

우리가 예쁘게 살아가면서 많은 것을 그냥 지나치고 가더

라고
이것만은 분명히 가르친 것 같구나
가족의 소중함이 얼마나 큰 힘을 가져온다는 것을 말이다
사랑은 멀리 있어도 늘 가슴속에 담고 그리워하는
아직도 먼 유학길에 남아 공부만 하는 너의 모습에
엄마는 늘 노심초사하면서 필요한 것이 무엇이든
엄마에게 의지할 수 있도록 힘을 주고 알려 주었지

딸아!
세상을 살다 보면 힘들고 어려운 일이 생기는 거란다
어느 날 갑자기
엄마가 급성심장마비로 쓰러져 병원에 실려 가던 날
나의 사랑스런 두 딸이 늦은 듯한 결혼을 한다니
기쁘기도 하고 서운하기도 한 엄마의 가슴이 떨려 왔다.
이런 마음이 친정엄마의 마음이고 지금의 내 마음인가 보다

나의 아름다운 딸아!
점점 다가오는 너의 결혼식에 즈음하여
인생에 성공한 여인, 아름다운 한 여인이 되기 위해
필요한 모든 자질을 갖춘 예쁘고 사랑스럽고 지적인
너로 하여금 모든 사람들을 사랑할 수 있는
그런 사람이 되거라

이제는 한 남자의 아내로서 한 가정의 엄마로서
이런 것이 지속될 수 있도록 노력하고
서로에게 공평하고 정직할 수 있도록 항상 최선을 다하면서
그도 그럴 수 있게 이해하고
네가 무엇을 생각하는지 알려 주고 그의 편이 되어 주렴
그와 함께 보내는 매일매일을 특별한 날로 생각하면서
어떤 일이 있어도 두 사람의 관계는
늘 원만하면서 서로 사랑하고 존경하는
아름다운 삶을 살거라

나의 소중한 딸아!
네가 얼마나 특별한 사람인가를 너의 엄마로서
너의 친구로서 언제나 너를 사랑할 테다

더 이상 너에 관해 걱정하지 않으련다
너의 결혼식에 부쳐
하늘에 있는 너의 아빠와 함께 축복을 보낸다
아름다운 나의 딸아

—2018년 새해를 맞이하며

그리움에 돛을 달고

초판 1쇄 발행 | 2021년 12월 1일

저 자 | 김 승 남
발행인 | 윤 영 희
발행처 | 동 행
주 소 서울 중구 을지로 14길 16-11
전 화 02-2285-0711
팩 스 02-338-2722 2285-2734
이메일 gongamsa@hanmail.net

값 10,000원

ISBN | 979-11-5988-024-7